HUNDETAGEBUCH

FALLS SIE DIESES BUCH GEFUNDEN HABEN, BITTF
HIER MELDEN:

HUNDE INFOS

HIER IST PLATZ FÜR EIN FOTO

NAME: ....

RASSE: ....

ALTER: ....

DATUM

DATUM

DATUM

DATUM

DATUM

DATUM

DATUM

DATUM

DATUM

DATUM

DATUM

DATUM

DATUM

DATUM

DATUM

DATUM

DATUM

DATUM

DATUM

DATUM

DATUM

DATUM

DATUM

DATUM

DATUM

DATUM

DATUM

DATUM

DATUM

DATUM

DATUM

DATUM

DATUM

DATUM

DATUM

DATUM

DATUM

DATUM

DATUM

DATUM

DATUM

DATUM

DATUM

DATUM

DATUM

DATUM

DATUM

DATUM

DATUM

DATUM

DATUM

DATUM

DATUM

DATUM

DATUM

DATUM

DATUM

DATUM

DATUM

DATUM

DATUM

DATUM

DATUM

DATUM

DATUM

DATUM

DATUM

DATUM

DATUM

DATUM

DATUM

DATUM

DATUM

DATUM

DATUM

DATUM

DATUM

DATUM

DATUM

DATUM

DATUM

DATUM

DATUM

DATUM

DATUM

DATUM

DATUM

DATUM

DATUM

DATUM

DATUM

DATUM

DATUM

DATUM

DATUM

DATUM

DATUM

DATUM

DATUM

DATUM

DATUM

DATUM

DATUM

DATUM

Impressum:
Jonathan Kuhla
Tempelhofer Ufer 15
10963 Berlin

mail: jonathankuhla@gmail.com